DIE HÖHLE DER LÖWEN

KÜCHENHITS FÜR KIDS – EINE ERFOLGSSERIE!

Auf der Suche nach einem Kapitalgeber für die Umsetzung der „Kinderleichten Becherküche" wagte Birgit Wenz den mutigen Schritt und stellte ihr Kinderbackbuch in der Gründer-Show „Die Höhle der Löwen" beim Fernsehsender VOX vor.

Hier bekommen Erfinder und Unternehmensgründer die einmalige Gelegenheit, ihre innovativen Geschäftsideen vor finanzstarken Investoren zu präsentieren und sie davon zu überzeugen, in ihr Start-up zu investieren und sie mithilfe ihres Wissens und ihrer Erfahrung fachlich zu begleiten.

Birgit Wenz nutzte ihre Chance, konnte die Unternehmer von sich überzeugen und vor allem Investor Ralf Dümmel mit ihrem Konzept begeistern – ein Konzept, auf das die kleinen und großen Bäckerinnen und Bäcker schon lange gewartet haben!

MINI-QUICHE

KÄSEPLÄTZCHEN

SCHINKENSCHNECKEN

PIZZASTANGEN

SALAMI MUFFINS

WÜRSTCHEN IM SCHLAFROCK

SCHINKEN-KÄSE-BAGUETTE

CHICKEN NUGGETS

ORZO AUFLAUF

PFANNKUCHEN

SANDWICHE WAFFELN

BAGUETTE

HERZLICH WILLKOMMEN IN DER „KINDERLEICHTEN BECHERKÜCHE"!

Wir wünschen Ihnen viel Spaß und Freude mit der „Kinderleichten Becherküche – Kleine Gerichte ganz groß"!

Mit diesem Backkonzept fördern Sie nicht nur die Eigenständigkeit Ihrer Kinder, sondern unterstützen auch ihre natürliche Neugier durch Erfolgserlebnisse beim Kochen und Backen. Kinder lieben es, in der Küche zu helfen und Speisen selbst zuzubereiten.

Mit der „Kinderleichten Becherküche" können jetzt auch schon Vorschulkinder selbstständig backen und erleben, wie Brot, Pfannkuchen und Snacks aus Lebensmitteln hergestellt werden. In einer Zeit, in der Tiefkühlkost und Fertiggerichte die Ernährung in vielen Familien prägen, ist dies eine sehr wertvolle Erfahrung und legt den Grundstein für das zukünftige Ernährungsverhalten Ihrer Kinder.

Mit den unterschiedlich großen und farbigen Bechern gelingt es den Kindern eigenständig, die Zutaten abzumessen und einen Teig herzustellen. In einer übersichtlichen Bild-für-Bild-Anleitung wird jeder einzelne Schritt dargestellt und führt so die Kinder durch das Rezept.

Mit dieser Herangehensweise an das Backen lernt Ihr Kind den Umgang mit Zahlen und Mengen, eine Reihenfolge einzuhalten sowie zu ordnen und zu sortieren.

Auch wenn das selbstständige Zubereiten im Vordergrund steht, können Sie Ihrem Kind natürlich gern Hilfestellungen geben, sollte es einmal nicht weiterwissen.

Probieren Sie jetzt die „Kinderleichte Becherküche" aus und lassen Sie Ihr Kind viele schöne Erfahrungen sammeln!

Viel Spaß!

Birgit Wenz

Die Autorin Birgit Wenz ist Erzieherin und Mutter. Ihr Ziel ist es Kinder spielerisch und mit Freude ans Backen heranzuführen. Von ihrem Konzept „Kinderleichte Becherküche" sind Kinder und Familien in ganz Deutschland begeistert. Die Rezepte sind speziell auf die Bedürfnisse von Mädchen und Jungen zugeschnitten und werden in ausführlichen Bildern Schritt-für-Schritt präsentiert. Eine Vielzahl von Büchern mit süßen und herzhaften Gerichten, sowie Backwaren sorgen für Abwechslung in der Küche.

INHALT

SO FUNKTIONIERT DIE „KINDERLEICHTE BECHERKÜCHE"

Aufbau des Buches

Jedes der 12 Rezepte besteht aus einer Übersicht mit Zutaten- und Materialliste sowie einer mehrseitigen Schritt-für-Schritt-Bildanleitung – übersichtlich strukturiert und leicht verständlich.

Vorbereitung

Zutaten wie z.B. Mehl, Gewürze, Milch oder Öl in ausreichender Menge bereitstellen, ohne diese vorher abzuwiegen bzw. abzumessen.Beispiel: für 600 g Mehl eine ganze Packung Mehl (1 kg) bereitstellen. Fleisch, Speck, Schinken und Würstchen: Stellen Sie Ihrem Kind genau die Menge zur Verfügung, die in der Rezeptübersichtsseite angegeben ist.

Anleiten des Kindes bzw. der Kinder

Der Erwachsene und das Kind betrachten den 1. Arbeitsschritt und besprechen diesen. Nachdem das Kind die Aufgabe verstanden hat, sollte es sie selbstständig ausführen. Die Aufgabe des Erwachsenen ist es, sich begleitend im Hintergrund zu halten und lediglich Hilfestellung zu geben, wenn das Kind allein nicht mehr weiterkommt. Mit den weiteren Arbeitsschritten wird ebenso verfahren. Beim Umgang mit Elektrogeräten muss das Kind jedoch sorgfältig von Erwachsenen beaufsichtigt werden. Bitte beachten Sie zudem die Bedienungsanleitungen der verwendeten Küchengeräte.

RATGEBER ZUTATEN

Milch
Stets zimmerwarme Milch verwenden, ca. 23 °C.

Mehl
Bei allen Rezepten wird Weizenmehl Type 405 verwendet.

Wasser
Immer lauwarmes Wasser verwenden, ca. 35 °C.

Eier
Entsprechen der Größe M.

Butter
Die Butter frühzeitig vor dem Backen aus dem Kühlschrank nehmen. Bei Zimmertemperatur lässt sie sich einfacher verarbeiten und verbindet sich am besten mit den anderen Zutaten.

Kräuter
Es werden hauptsächlich getrocknete (gerebelte) Kräuter verwendet. Die Maßangabe der Löffel ist nicht für frische Kräuter geeignet.

Abmessen der Zutaten

Mehl
Zum einfachen Abmessen das Mehl in einen großen Vorratsbehälter füllen. Den Becher gehäuft füllen. Anschließend mit einem Messer überschüssiges Mehl einfach in den Vorratsbehälter abstreifen, damit der Becher randvoll gefüllt ist.

Weitere Zutaten
Den passenden Becher stets bis zum Rand füllen. Es gibt keinen Eichstrich oder Ähnliches.

HINWEISE

Vorsicht beim Umgang mit Elektrogeräten!

HIER STEHT DIE SICHERHEIT DES KINDES IM VORDERGRUND!

Es liegt im Ermessen des Erwachsenen, inwieweit das Kind selbstständig das Rührgerät benutzen darf. Ebenso entscheidet der Erwachsene über den Umgang mit dem heißen Backofen. Bitte beachten Sie die Anweisungen in den Bedienungsanleitungen der jeweiligen Elektrogeräte hinsichtlich der Bedienung durch Kinder.

Teig kneten

Teig kneten, sowohl mit der Hand als auch mit dem Rührgerät, ist für Kinder oft schwer. Hier muss meist ein Erwachsener unterstützen.

Teig auswellen

Manchmal ist es schwierig und erfordert viel Kraft, einen Teig dünn auszurollen. Die Unterstützung und Hilfe eines Erwachsenen ist hier wichtig.

Backofen

Jeder Backofen backt anders. Oft gibt es Unterschiede im Backverhalten der Geräte. Deshalb sind die Temperatur und Backzeiten bei den Rezepten nur ungefähre Angaben. Zur Sicherheit sollte die Speise im Ofen beobachtet werden.

Eier trennen

Eier trennen können Kinder in diesem Alter meist noch nicht. Deshalb wird darauf verzichtet. Brötchen können ebenso mit einem ganzen Ei bestrichen werden.

Becherset

Das Becherset ist lebensmittelecht und spülmaschinengeeignet.

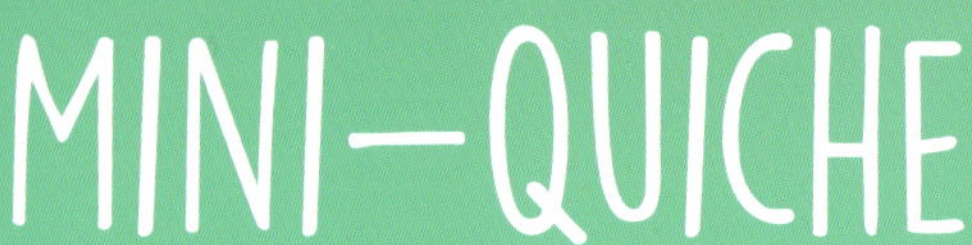

MINI-QUICHE

Ergibt: 12 Stück
Zubereitungszeit: ca. 40 min • Backzeit: 30 min

MATERIAL

Becherset
Wecker
Glas zum Ei aufschlagen
2 Rührschüsseln
Rührgerät mit Rührbesen
Messer
Schneidebrett
Muffinform
Topflappen
Schürze

ZUTATEN

125 g Weizenmehl

60 g Margarine

1 Ei

Salz

FÜR DIE FÜLLUNG

150 g Crème fraîche

Senf

1 Paprika

1 Ei

Italienische Kräuter (gerebelt)

1

Eine Paprika entkernen.

2

Die Paprika in kleine Würfel schneiden und in die Schüssel geben.

3

Einen Becher Crèmè fraîche in die Rührschüssel geben.

4

Ein Ei aufschlagen und hinzufügen.

5

Einen gelben Löffel italienische Kräuter auf die Zutaten streuen.

6

Einen gelben Löffel Senf in die Schüssel geben.

7

Die Zutaten mit dem Rührgerät mit Rührbesen verrühren.

8

Sieben orangefarbene Becher Mehl in eine neue Schüssel geben.

9

Zwei orangefarbene Becher Margarine hinzufügen.

10

Ein Ei aufschlagen und in die Schüssel geben.

11

Drei Prisen Salz hinzufügen.

12

Die Zutaten mit der Hand kneten, bis eine Teigkugel entstanden ist.

13

Ober-/Unterhitze

180 °C

Den Backofen auf 180 Ober-/ Unterhitze vorheizen.

14

Die Muffinform mit etwas Margarine einfetten.

15

Die Teigkugel in 12 gleich große Stücke teilen.

16

Jede Muffinmulde mit einem Stück Teig auskleiden.

17

Mit dem orangefarbenen Löffel die Creme gleichmäßig auf die Förmchen verteilen.

Die Muffinform in den Ofen schieben. Den Wecker auf 30 Minuten einstellen und die Mini-Quiches im Ofen backen.

19

Wenn der Wecker ertönt, die Muffinform mit den Mini-Quiches mit Topflappen aus dem Ofen nehmen. Fertig!

KÄSEPLÄTZCHEN

Ergibt: 80 Stück
Zubereitungszeit: ca. 80 min • Backzeit: 15 min

ZUTATEN

490 g Weizenmehl

250 g Butter

6 Eier

1 Päckchen Backpulver

Salz

Paprikapulver

200 g geriebener Käse

125 ml Sahne

Sesam, Kümmel, Mohn

MATERIAL

Becherset
Wecker
Rührschüssel
Glas zum Ei aufschlagen
Rührgerät mit Knethaken
Messer
Gabel
Nudelholz
Ausstechform
Pinsel
Schere
Blech mit Backpapier
Topflappen
Schürze

1

Sieben rote Becher Mehl in die Rührschüssel geben.

Zwei gelbe Löffel Backpulver darüberstreuen.

3

Eine Packung geriebenen Käse hinzufügen.

4

Einen gelben Löffel Salz dazugeben.

5

Einen gelben Löffel Paprikapulver darüberstreuen.

6

Vier Eier aufschlagen und hinzufügen.

7

Eine ganze Butter klein schneiden und in die Schüssel geben.

Einen roten Becher Sahne über die Zutaten gießen.

9

Die Zutaten mit dem Rührgerät mit Knethaken vermischen.

Die Teigmasse auf die Arbeitsfläche geben und mit der Hand zu einem glatten Teig kneten.

11

Das Backblech mit Backpapier belegen.

Einen orangefarbenen Löffel Mehl auf der Arbeitsplatte verteilen.

13

Den Teig mit dem Nudelholz ausrollen.

14

Die Plätzchen ausstechen und auf das mit Backpapier belegte Blech legen.

15

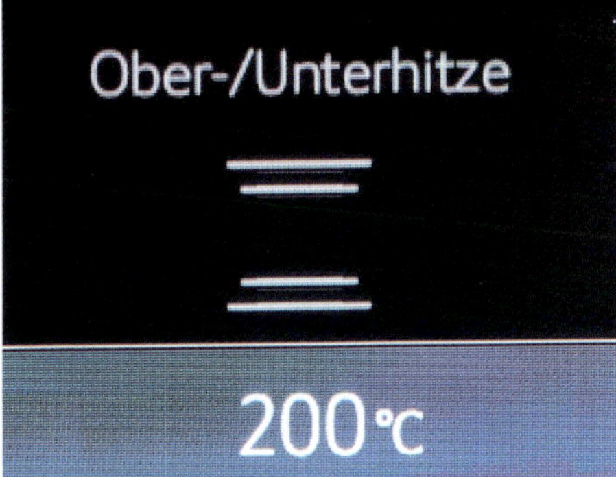

Den Backofen auf 200 Ober-/ Unterhitze vorheizen.

16

Zwei Eier aufschlagen und mit der Gabel verquirlen.

17

Die Plätzchen mit Ei bestreichen.

18

Die Plätzchen mit Mohn, Sesam und Kümmel bestreuen.

19

Die Käseplätzchen in den Ofen schieben. Den Wecker auf 15 Minuten einstellen.

20

Wenn der Wecker ertönt, das Blech mit den gebackenen Plätzchen mit Topflappen aus dem Ofen nehmen. Fertig!

SCHINKENSCHNECKEN

Ergibt: 40 Stück
Zubereitungszeit: ca. 40 min • Backzeit: 25 min

ZUTATEN

490 g Weizenmehl

250 g Butter

250 g Speisequark

1 Ei

Paprikapulver

Salz

FÜR DIE FÜLLUNG

200 g Kochschinken

1 Becher Schmand

Kräuter gerebelt

MATERIAL

Becherset
Wecker
Glas zum Ei aufschlagen
Rührschüssel
Messer
Löffel
Rührgerät mit Knethaken
Nudelholz
Schneidebrett mit Messer
Backblech mit Backpapier
Topflappen
Schürze

1

Den Schinken in kleine Würfel scheiden.

Die ganze Butter klein schneiden und in die Rührschüssel geben.

3

Sieben rote Becher Mehl hinzufügen.

4

Ein Ei aufschlagen und hinzufügen.

5

Einen gelben Löffel Paprikapulver in die Schüssel geben.

6

Einen gelben Löffel Salz über den Zutaten verteilen.

7

Die ganze Packung Quark in die Schüssel geben.

8

Die Zutaten mit dem Rührgerät mit Knethaken vermischen.

9

Die Teigmasse auf die Arbeitsfläche geben und mit der Hand zu einem glatten Teig kneten.

10

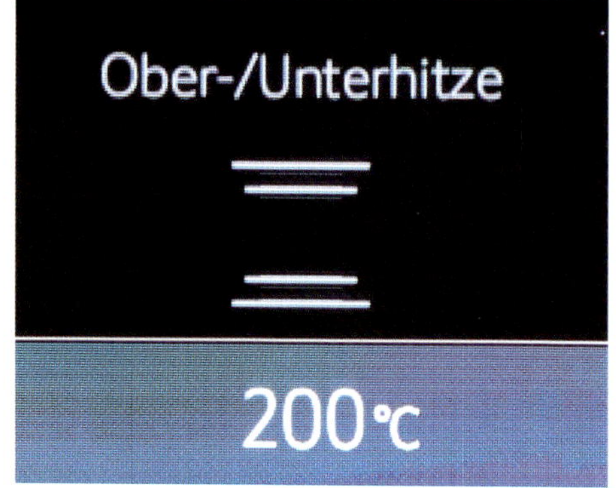

Den Backofen auf 200 Ober-/ Unterhitze vorheizen.

11

Zwei orangefarbene Becher Mehl auf der Arbeitsplatte verteilen.

12

Den Teig mit dem Nudelholz ausrollen.

13

Einen Becher Schmand mit dem Löffel auf dem Teig verteilen.

14

Die Schinkenwürfel auf den Schmand streuen.

15

Zwei gelbe Löffel Kräuter auf den Schmand geben.

Die Teigplatte zu einer Rolle formen.

17

Von der Teigrolle mit dem Messer 2 cm dicke Stücke abschneiden.

18

Die Schinkenschnecken auf das mit Backpapier belegte Backblech legen.

19

Das Blech in den Ofen schieben. Den Wecker auf 25 Minuten einstellen und die Schinkenschnecken backen.

20

Wenn der Wecker ertönt, das Blech mit den gebackenen Schinkenschnecken mit Topflappen aus dem Ofen nehmen.
Fertig!

PIZZASTANGEN

Ergibt: 20 Stück

Zubereitungszeit: ca. 20 min • Backzeit: 20 min

ZUTATEN

1 Packung Blätterteig aus dem Kühlregal (ca. 275 g)

90 g Frischkäse

100 g geriebener Mozzarella

20 g Tomatenmark

Salz

Basilikum gerebelt

MATERIAL

- Becherset
- Wecker
- Schüssel
- Löffel
- Pizzaschneider
- Backblech mit Backpapier
- Topflappen
- Schürze

1

Drei orangefarbene Becher Frischkäse in die Schüssel geben.

2

Einen gelben Löffel Basilikum hinzufügen.

3

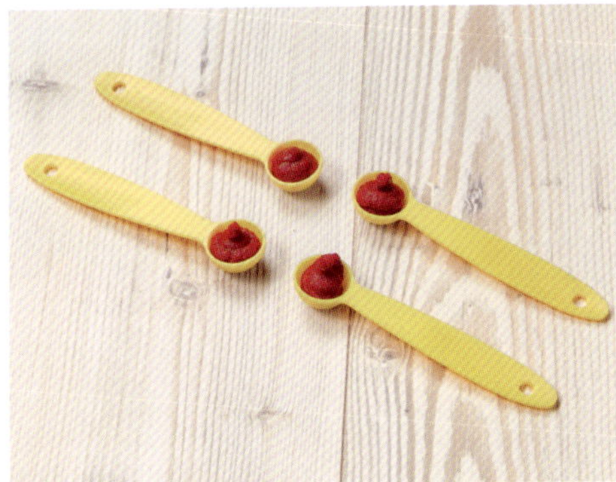

Vier gelbe Löffel Tomatenmark in die Schüssel geben.

4

Eine Prise Salz hinzufügen.

5

Zwei rote Becher geriebenen Käse in die Schüssel geben.

Die Zutaten mit dem Löffel zu einer festen Creme rühren.

Den Blätterteig ausrollen.

Die Frischkäse Creme auf der Häfte des Blätterteiges verteilen.

9

Den Blätterteig einmal in der Mitte der langen Seite umklappen und das Papier abziehen.

10

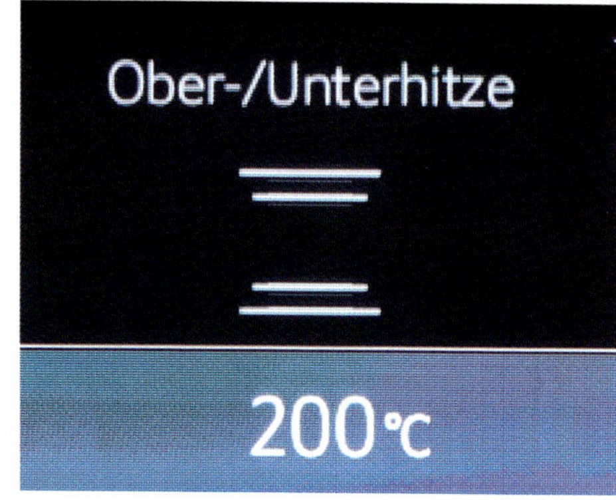

Den Backofen auf 200 °C Ober- / Unterhitze vorheizen.

11

Den Teig in 2 cm breite Streifen schneiden.

12

Jeden Streifen wie eine Kordel drehen und auf ein mit Backpapier belegtes Backblech legen.

13

Das Blech mit den Pizzastangen in den vorgeheizten Backofen schieben. Den Wecker auf 20 Minuten einstellen.

14

Wenn der Wecker klingelt, das Blech mit den gebackenen Pizzastangen, mit Topflappen aus dem Ofen nehmen. Fertig!

Home

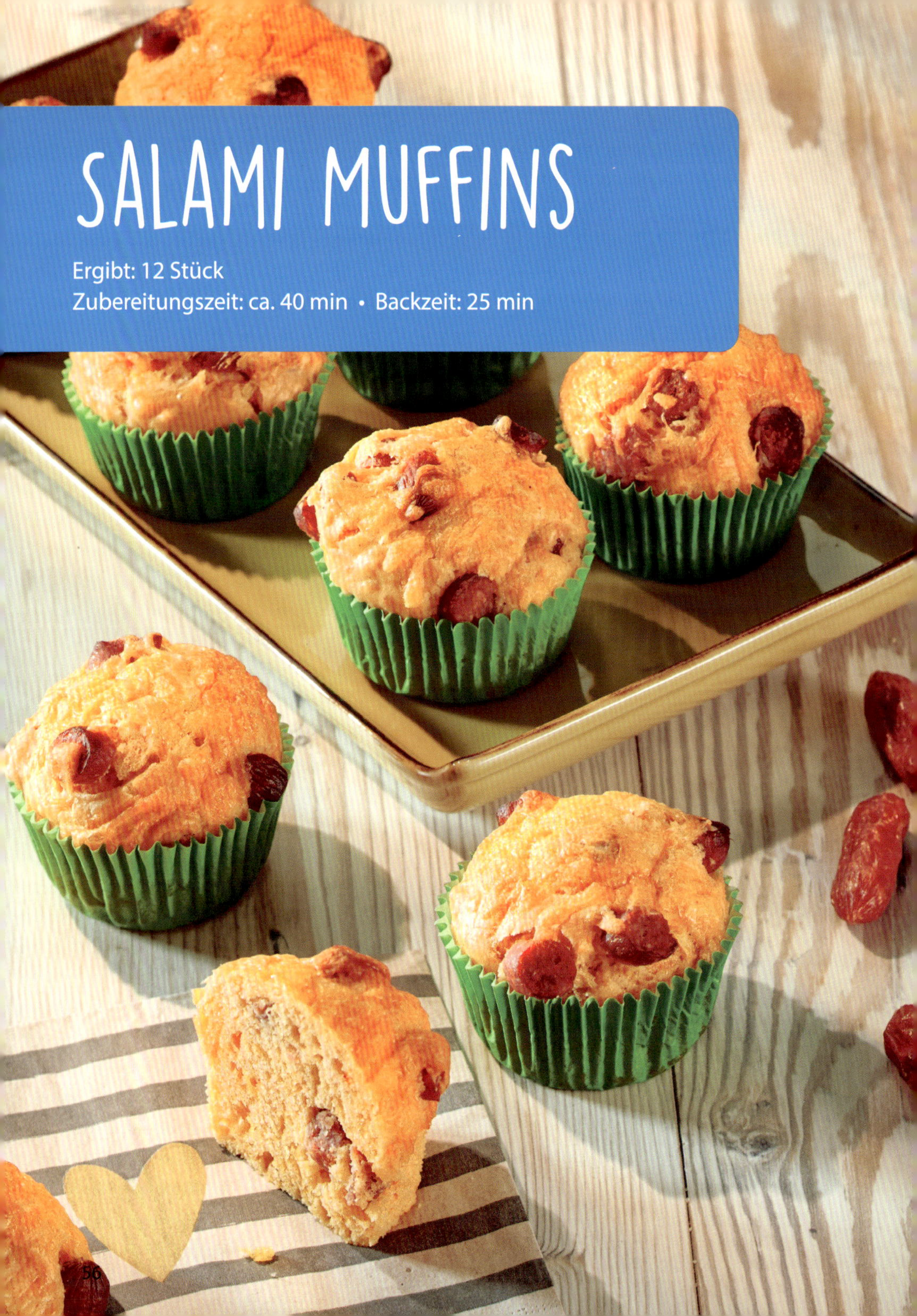

SALAMI MUFFINS

Ergibt: 12 Stück
Zubereitungszeit: ca. 40 min • Backzeit: 25 min

ZUTATEN

280 g Weizenmehl

250 ml Milch

1 Päckchen Backpulver

2 Eier

90 ml Sonnenblumenöl

150 g geriebener Cheddar

250 g Salami Sticks

Paprikapulver

Salz

MATERIAL

- Becherset
- Wecker
- Schüssel
- Glas zum Ei aufschlagen
- Rührgerät mit Rührbesen
- Schneidebrett
- Messer
- Muffinblech mit Papierförmchen
- Schere
- Topflappen
- Schürze

1

Vier rote Becher Mehl in die Schüssel geben.

Zwei rote Becher Milch in die Schüssel gießen.

3

Zwei Eier aufschlagen und hinzufügen.

Drei orangefarbener Becher Öl hinzufügen.

5

Ein gelber Löffel Salz in die Schüssel geben.

Einen gelben Löffel Paprikapulver hinzufügen.

7

Ein Päckchen Backpulver in die Schüssel geben.

8

Zwei rote Becher geriebenen Käse hinzufügen.

9

Die Salami in kleine Stücke schneiden und in die Schüssel geben.

10

Alle Zutaten mit dem Rührgerät zu einem glatten Teig rühren.

11

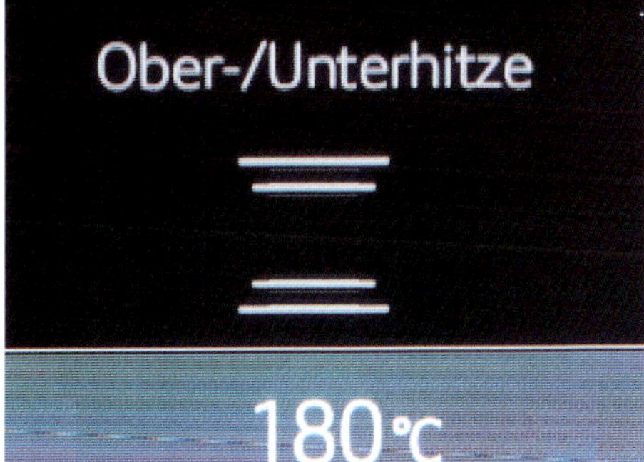

Den Backofen auf 180 °C Ober-/ Unterhitze vorheizen.

12

Die Papierförmchen in das Muffin Blech legen. Anschließend den Teig mit dem orangen Becher gleichmäßig auf die Förmchen verteilen.

13

Den restlichen Käse auf die Muffins streuen.

14

Das Blech mit den Muffins in den Ofen schieben. Den Wecker auf 25 Minuten einstellen und die Salami Muffins backen.

15

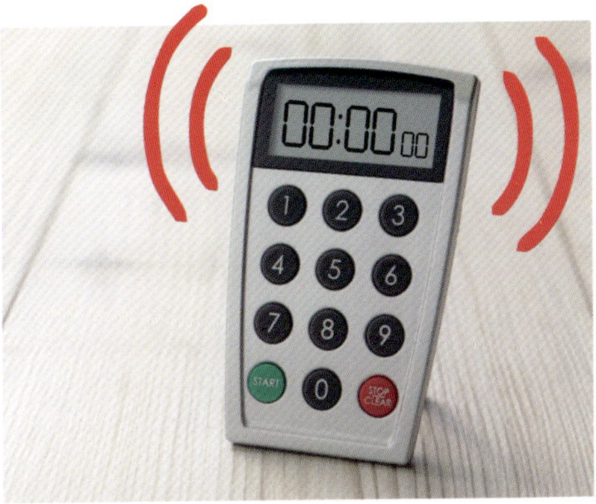

Wenn der Wecker klingelt, das Blech mit den gebackenen Muffins mit Topflappen aus dem Ofen nehmen.

WÜRSTCHEN IM SCHLAFROCK

Ergibt: 16 Stück
Zubereitungszeit: ca. 45 min • Ruhezeit: 30 Minuten • Backzeit: 15 min

ZUTATEN

210 g Weizenmehl

5 g Zucker

1 Päckchen Trockenhefe

2 Eier

60 ml Wasser

Salz

30 ml Sonnenblumenöl

8 Wiener Würstchen

MATERIAL

Becherset
Wecker
Rührschüssel
Glas zum Ei aufschlagen
Rührgerät mit Knethaken
Messer
Gabel
Pinsel
Schneidebrett
Tuch zum Ruhen
Backblech mit Backpapier
Topflappen
Schürze

1

Einen gelben Löffel Trockenhefe in die Rührschüssel geben.

2

Einen gelben Löffel Zucker darüberstreuen.

3

Zwei orangefarbene Becher lauwarmes Wasser hinzufügen.

4

Mit dem gelben Löffel die Zutaten verrühren.

5

Drei rote Becher Mehl in die Schüssel geben.

Zwei Prisen Salz hinzufügen.

7

Ein Ei aufschlagen und in die Schüssel geben.

Einen oragenfarbenen Becher Öl darüber gießen.

9

Alle Zutaten mit dem Rührgerät mit Knethaken 5 Minuten vermischen.

10

Die Schüssel mit einem Tuch abdecken. Den Wecker auf 30 Minuten einstellen und den Teig so lange ruhen lassen.

11

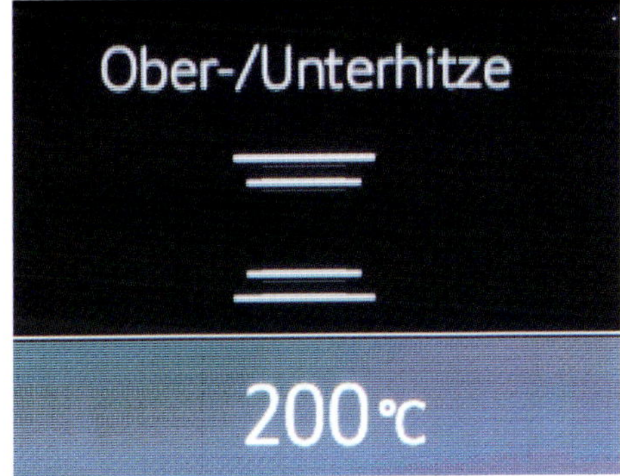

Wenn der Wecker ertönt, den Backofen auf 200 °C Ober-/ Unterhitze vorheizen.

12

Alle Wiener Würstchen halbieren.

13

Den Teig in 16 gleich große Stücke teilen.

14

Jedes Teigstück zu einer langen Schlange rollen.

15

Die Wiener Würstchen mit der Teigschlange umwickeln und auf das mit Backpapier belegte Blech legen.

16

Ein Ei aufschlagen und mit der Gabel verquirlen.

17

Die Teigschlangen mit dem Ei bestreichen.

18

Das Blech mit den Würstchen im Schlafrock in den Ofen schieben. Den Wecker auf 15 Minuten einstellen und die Würstchen im Schlafrock backen.

19

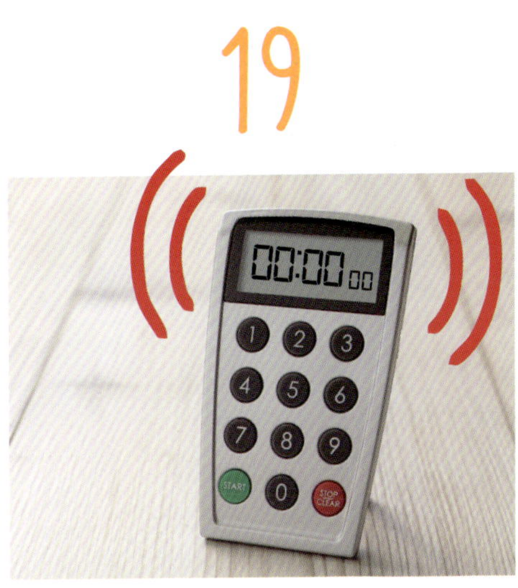

Wenn der Wecker ertönt, die gebackenen Würstchen im Schlafrock mit Topflappen aus dem Ofen nehmen. Fertig!

SCHINKEN-KÄSE-BAGUETTE

Ergibt: 12 Stück
Zubereitungszeit: ca. 30 min • Backzeit: 20 min

ZUTATEN

6 Aufbackbrötchen

100 g gekochter Schinken

1 Paprika

100 g Emmentaler gerieben

60 ml Sahne

Pizzagewürz

MATERIAL

Becherset
Wecker
Rührschüssel
Schere
Messer
Schneidebrett
Backblech mit Backpapier
Topflappen
Schürze

1

Die Brötchen aufschneiden und auf das mit Backpapier belegte Backblech legen.

2

Zwei orangefarbene Becher Sahne in die Schüssel geben.

3

Einen gelben Löffel Pizzagewürz hinzufügen.

4

Den Schinken in kleine Würfel schneiden und in die Schüssel geben.

5

Die Paprika vierteln und entkernen.

6

Die Paprika klein schneiden und in die Schüssel geben.

7

Zwei rote Becher geriebenen Käse hinzufügen.

8

Alle Zutaten gut durchmengen.

9

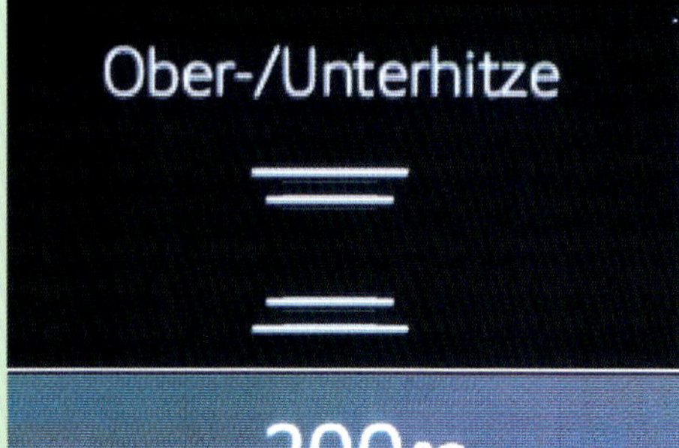

Den Backofen auf 200 °C Ober-/
Unterhitze vorheizen.

10

Die Schinken-Käse-Masse mit dem
orangefarbenen Löffel auf den
Brötchenhälften verteilen.

11

Das Blech mit den Brötchen in den Ofen schieben. Den Wecker auf 20 Minuten einstellen und die Schinken-Käse-Baguettes backen.

12

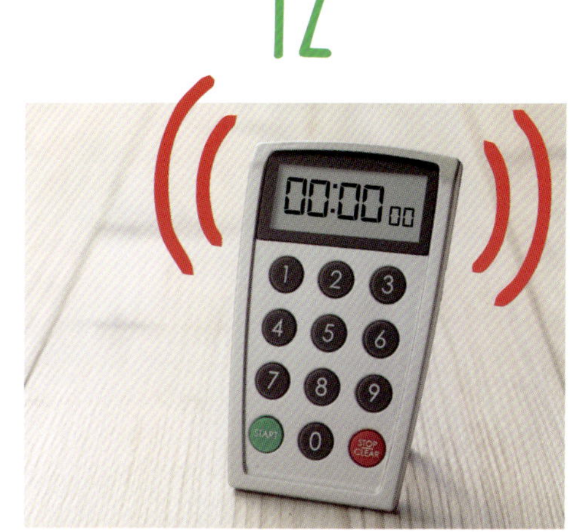

Wenn der Wecker ertönt, das Blech mit den Schinken-Käse-Baguettes mit Topflappen aus dem Ofen nehmen. Fertig!

CHICKEN NUGGETS

Ergibt: 20 Stück
Zubereitungszeit: ca. 30 min • Backzeit: 30 min

ZUTATEN

500 g Hähnchenbrustfilets

70 g Weizenmehl

2 Eier

120 g Cornflakes

Salz

Paprikapulver

MATERIAL

Becherset
Wecker
3 tiefe Teller
Glas zum Ei aufschlagen
Schneidebrett
Messer
Gabel
Gefrierbeutel
Backblech mit Backpapier
Topflappen
Schürze

1

Einen roten Becher Mehl in einen Teller schütten.

2

Zwei Eier aufschlagen und in einen weiteren Teller geben.

3

Einen gelben Löffel Salz auf das Ei geben.

4

Einen gelben Löffel Paprikapulver dazu geben.

5

Die Eier mit den Gewürzen verquirlen.

6

Sechs rote Becher Cornflakes in den Gefrierbeutel füllen.

7

Die Cornflakes mit der Hand zerbröseln und in einen weiteren Teller schütten.

Das Hähnchenbrustfilet in Stücke schneiden.

9

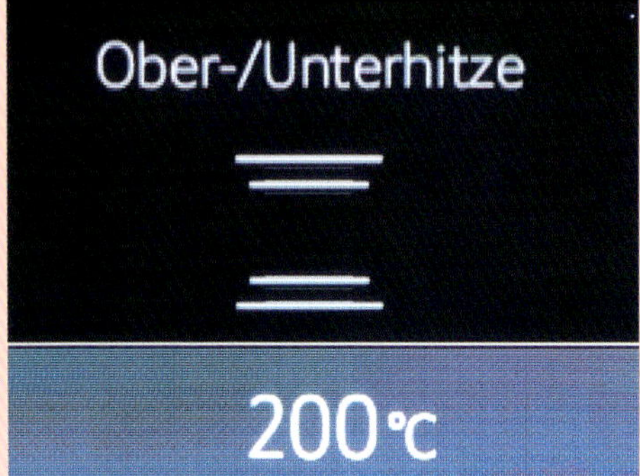

Den Backofen auf 200 °C Ober-/ Unterhitze vorheizen.

10

Alle Fleischstücke im Mehl wenden und auf der Arbeitsfläche ablegen.

11

Jedes mit Mehl bedeckte Stück Fleisch in der Eimasse wenden…

12

…und mit der Cornflakespanade bedecken.

13

Das Backblech mit Backpapier belegen.

14

Alle panierten Fleischstücke auf das mit Backpapier belegte Blech legen.

15

Das Blech in den Ofen schieben. Den Wecker auf 25 Minuten einstellen und die Chicken Nuggets im Ofen garen.

16

Wenn der Wecker ertönt, das Blech mit den gebräunten Chicken Nuggets mit Topflappen aus dem Ofen nehmen. Fertig!

ORZO AUFLAUF

Ergibt: Portion für 2–3 Personen
Zubereitungszeit: ca. 20 min • Backzeit: 30 min

ZUTATEN

360 g Kritharaki (Orzo)

180 g Feta

750 ml Wasser

90 ml Olivenöl

Salz

Paprikapulver

Oregano gerebelt

MATERIAL

- Becherset
- Wecker
- Schüssel
- Löffel
- Auflaufform (20 cm x 30 cm)
- Schere
- Topflappen
- Schürze

1

Vier rote Becher Orzo in die Schüssel geben.

2

Sechs roten Becher Wasser in die Schüssel gießen.

3

Einen gelben Löffel Salz hinzufügen.

Zwei gelbe Löffel Paprikapulver in die Schüssel geben.

5

Zwei gelbe Löffel Oregano hinzufügen.

6

Zwei orangefarbene Becher Olivenöl in die Schüssel gießen.

7

Alle Zutaten mit dem Löffel verrühren.

8

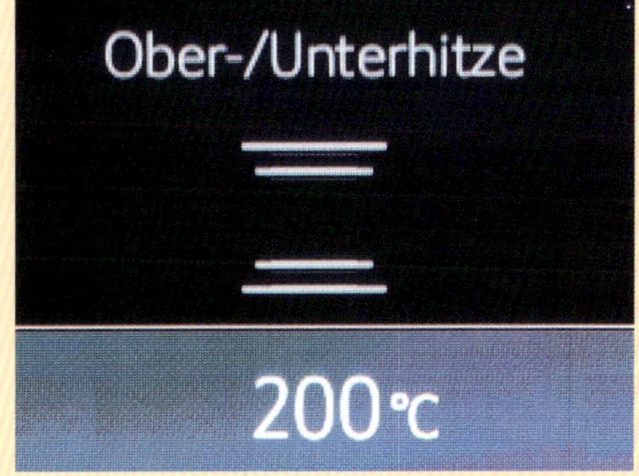

Den Backofen auf 200 °C Ober- / Unterhitze vorheizen.

9

Das Orzo Gemisch in die Auflaufform gießen.

10

Den Feta in die Mitte der Auflaufform legen.

11

Die Auflaufform auf dem Rost in den vorgeheizten Backofen schieben. Den Wecker auf 30 Minuten einstellen.

12

Wenn der Wecker klingelt, die Form mit Topflappen aus dem Ofen nehmen.

13

Nudeln und Feta kräftig mit dem Löffel umrühren.

Fertig!

PFANNKUCHEN AUS DEM OFEN

Ergibt: 1 Blech
Zubereitungszeit: ca. 15 min • Backzeit: 20 min

ZUTATEN

140 g Mehl

250 ml Milch

2 Eier

10 g Zucker

Salz

MATERIAL

Becherset
Wecker
Rührschüssel
Rührgerät mit Rührbesen
Glas zum Ei aufschlagen
Backblech mit Backpapier
Messer
Topflappen
Schürze

1

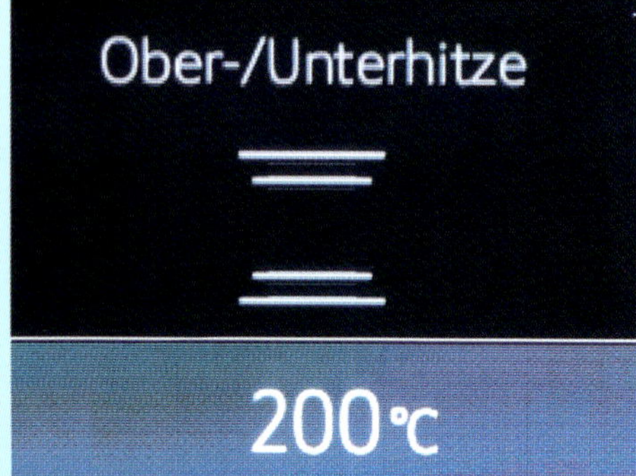

Den Backofen auf 200 °C Ober-/
Unterhitze vorheizen.

2

Zwei rote Becher Mehl in die Schüssel
geben.

3

Zwei rote Becher Milch über das Mehl gießen.

Zwei Prisen Salz hinzufügen.

5

Zwei gelbe Löffel Zucker in die Schüssel streuen.

Zwei Eier aufschlagen und dazugeben.

7

Alle Zutaten mit dem Rührgerät mit Rührbesen verrühren, bis ein glatter Teig entstanden ist.

8

Das Backblech mit Backpapier belegen.

9

Den Teig auf dem Backblech verteilen.

Das Blech in den Ofen schieben. Den Wecker auf 20 Minuten einstellen und den Pfannkuchen backen.

11

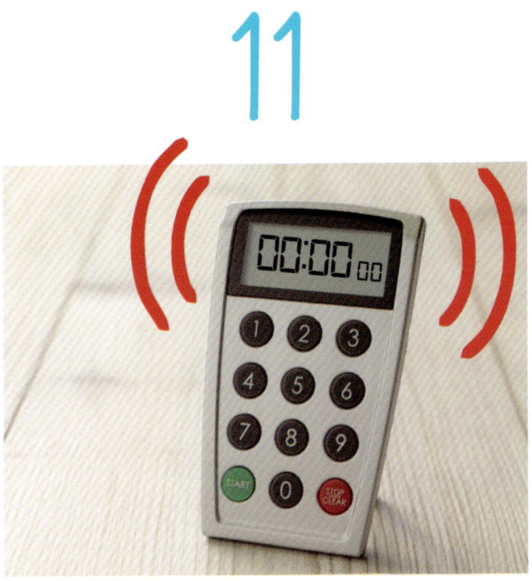

Wenn der Wecker ertönt, den fertigen Pfannkuchen mit Topflappen aus dem Ofen nehmen und nach Wunsch belegen. Fertig!

SANDWICHE WAFFELN

Ergibt: 5 Stück
Zubereitungszeit: ca. 40 min • Backzeit: 4 min

MATERIAL

- Becherset
- Rührschüssel
- Rührgerät mit Rührbesen
- Glas zum Ei aufschlagen
- Waffeleisen
- Messer
- Gabel
- Topflappen
- Schürze

ZUTATEN

140 g Weizenmehl

125 ml Milch

60 ml Wasser

1 Ei

1 Päckchen Backpulver

30 ml Sonnenblumenöl

Salz

FÜR DEN BELAG

Frischkäse

Gouda in Scheiben

Salatblätter

1

Zwei rote Becher Mehl in die Schüssel geben.

2

Einen roten Becher Milch in die Schüssel gießen.

3

Ein Ei aufschlagen und hinzufügen.

4

Zwei orangefarbene Becher Wasser in die Schüssel gießen.

5

Einen orangefarbenen Becher Öl hinzufügen.

Zwei gelbe Löffel Backpulver in die Schüssel geben.

7

Einen gelben Löffel Salz hinzufügen.

8

Alle Zutaten mit dem Rührgerät zu einem glatten Teig rühren.

9

Einen roten Becher Teig in das heiße Waffeleisen gießen. Den Deckel des Gerätes schließen.

10

Die gebackenen Waffeln mit einer Gabel aus dem Waffeleisen nehmen und auskühlen lassen.

11

Die Häfte der ausgekühlten Waffeln mit Frischkäse bestreichen.

12

Ein Salatblatt auf den Frischkäse legen.

13

Die Waffel mit Käse belegen.

14

Eine weitere Waffel auf den Käse legen.
Fertig!

BAGUETTE

Ergibt: 2 Stück
Zubereitungszeit: ca. 10 min • Backzeit: 20 min

ZUTATEN

420 g Weizenmehl Typ 550

1 Päckchen Trockenhefe

375 ml Wasser lauwarm

Salz

MATERIAL

Becherset
Wecker
Schüssel
Rührgerät mit Knethaken
Messer
Tuch zum Abdecken
Teigkarte
Baguettebackblech
Auflaufform
Topflappen
Schürze

1

Ein Päckchen Trockenhefe in die Schüssel geben.

2

Drei rote Becher lauwarmes Wasser in die Schüssel gießen.

3

Fünf rote Becher Mehl hinzufügen.

Einen gelben Löffel Salz in die Schüssel geben.

5

Die Zutaten mit dem Rührgerät mit Knethaken zu einem glatten Teig rühren.

Die Schüssel mit einem Tuch abdecken. Den Teig 2 Stunden ruhen lassen.

7

Einen orangefarbenen Becher Mehl auf der Arbeitsfläche verteilen.

Nach der Ruhezeit den Teig auf der bemehlten Arbeitsfläche in zwei Portionen teilen.

9

Die Brote formen und auf das Baguettebackblech legen.

10

Einen roten Becher Wasser in eine Auflaufform gießen.

11

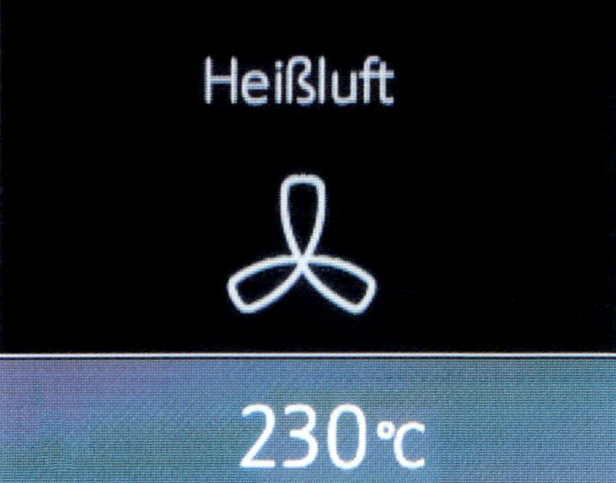

Den Backofen auf 230 °C Heißluft vorheizen und die mit Wasser gefüllte Form hineinstellen.

12

Das Blech mit den Baguettebroten in den Ofen schieben. Den Wecker auf 20 Minuten einstellen und die Brote backen.

13

Wenn der Wecker klingelt, das Blech mit den gebackenen Broten mit Topflappen aus dem Ofen nehmen.
Fertig!

Autorin
Birgit Wenz

Verlag
Stefan Wenz – Becherkueche.de
79288 Gottenheim
info@becherkueche.de
www.becherkueche.de

Vermarktung & Vertrieb
DS Produkte GmbH
Stormarnring 14
22145 Stapelfeld
www.dspro.de

Layout
Goldfieber Werbeagentur, Freiburg
www.goldfieber.com

Fotografie
Flashpointstudio GbR, Freiburg
www.flashpointstudio.de

Bildnachweise
Titel: Fotolia

2. Auflage Juli 2024
ISBN 978-3-9818650-4-2